Vamos alegres a la casa del Señor

ÁLBUM DE CROMOS para la **celebración eucarística dominical**

Este álbum pertenece a

_____
_____
_____

Parroquia _____
_____

de _____

DIOCESIS D ORIHUELA-ALICANTE

Plan de Catequesis de Iniciación Cristiana de la Diócesis de Orihuela-Alicante

PPC

En cada página se incluye un código QR
con enlaces a diversos recursos
relacionados con el Evangelio.

Ilustraciones
Patxi Velasco Fano, Antonia Santolaya Ruiz-Clavijo, Artimagos, Fran,
Ana Irene Guillén, Sebastià Serra Bonilla, Cristina Pérez Navarro, Avi

Fotografías
Sonsoles Prada, Juan Baraja, José Manuel Navia, Montse Fontich,
Sergio Cuesta / Archivo SM; Miguel Castaño; Thinkstock: Ingimage; Shutterstock

PLAN DE CATEQUESIS
DE INICIACIÓN CRISTIANA
DE LA DIÓCESIS DE ORIHUELA-ALICANTE

© Texto y actividades: Harold Mauricio Delgado Gutiérrez
© Ilustraciones de los cromos: Francisco Javier Velasco FANO
© PPC 2024
Parque empresarial Prado del Espino
Impresores, 2
28660 Boadilla del Monte (Madrid)
ppcedit@ppc-editorial.com
www.ppc-editorial.es

ISBN: 978-84-288-4109-2
Depósito legal: M-11661-2024

Impreso en la UE / *Printed in EU*

Vamos alegres a la casa del Señor

Querida familia:

Tengo la gran alegría de presentaros esta fantástica obra. En estos tiempos tan complejos para la catequesis, esta publicación es un gran apoyo para todos los agentes que estamos implicados en el campo de la catequesis. Como veréis, es un material muy valioso tanto para los catequistas, como también para las familias, educadores y pastores.

Después de muchos años, se sigue percibiendo la frescura de su planteamiento, y es una aportación maravillosa al gran desafío de iniciar cristianos en nuestro tiempo. No es una obra centrada en sí misma, sino un complemento a cualquier itinerario de iniciación cristiana que quiera tomarse en serio a nuestros protagonistas. En nuestro caso, compartimos con vosotros este material que ha dado muy buen resultado en nuestra Diócesis y que sigue dando muchos frutos.

El planteamiento está en línea con la catequesis que nos está pidiendo la Iglesia. El nuevo *Directorio para la Catequesis* nos recuerda que una de las cinco tareas de la catequesis es "iniciar en la celebración del misterio". Este material ayudará a los más jóvenes a comprender la importancia de la liturgia, de los sacramentos, educando en la comprensión del año litúrgico y del domingo. Con esto evitamos que la catequesis se realice con un planteamiento escolar, superando la visión de una transmisión exclusiva de contenidos. Su finalidad no es controlar la presencia a la eucaristía dominical, sino motivarla, profundizar en la comprensión de la Palabra de Dios y tomar conciencia de que la eucaristía no es un momento aislado de la vida, sino que se ha de prolongar más allá de la celebración.

Agradecemos a **Harold Mauricio,** sacerdote de nuestra Diócesis, su trabajo en la elaboración de esta publicación; también agradecemos a **Patxi Velasco FANO** por facilitarnos los dibujos de los cromos.

En la catequesis y en la evangelización no existen las varitas mágicas, pero aseguramos que estas páginas ayudarán a que la catequesis sea más significativa para nuestros jóvenes, en este intento de buscar los métodos más adecuados. De esta manera, la catequesis seguirá realizando su aportación específica en el proceso evangelizador de la Iglesia.

EDUARDO LORENZO GARCÍA
Director del Secretariado Diocesano de Catequesis

ÁLBUM DE CROMOS
SUGERENCIAS DE USO

Este álbum fue concebido como un instrumento de apoyo para el proyecto de Catequesis de Iniciación Cristiana de Orihuela-Alicante, en el que la participación y profundización en la Eucaristía es parte fundamental. Ofrecemos algunas indicaciones para el uso de este material.

DESTINATARIOS

Según lo indicado en la presentación del Director del Secretariado Diocesano de Catequesis, los destinatarios de este material son fundamentalmente los **niños de la catequesis**. Pero no lo son solo ellos.

- **Los distintos grupos de niños y adolescentes** de nuestras parroquias (monaguillos, poscomunión, Infancia Misionera, etc.) tendrán en este material una gran ayuda que les permitirá crecer en la comprensión y vivencia de la eucaristía.
- También los **padres** que vean en este material una herramienta útil para la educación en la fe pueden adquirirlo para trabajarlo en casa con sus hijos, aunque estos no estén en el proceso de iniciación cristiana.
- Incluso los **educadores** pueden integrar este recurso didáctico en la asignatura de Religión, o en la escuela católica como parte de la Pastoral Escolar.

TIEMPO DE USO

Hemos dedicado una página a todos los domingos del curso de catequesis.

Cada ejemplar contiene un folleto con los cromos alusivos al Evangelio dominical para el curso que suele comenzar desde el domingo XXVII del Tiempo ordinario, que coincide con la fecha en la que ya se ha normalizado la asistencia de los niños a la catequesis y a la misa.

En Navidad y Semana Santa se incluyen varios cromos, pero no hay actividades específicas para cada día.

MODO DE USO

■ Desde la parroquia

Si la distribución de este material se hace **desde la parroquia**, al niño se le entregará solo el álbum. Los cromos los retendrá el catequista, y el niño tendrá que conseguirlos participando en la misa cada domingo.

Como diremos más abajo, cada uno elegirá el momento que considere más oportuno para la entrega del cromo. Las actividades se pueden llevar a cabo en la parroquia o en casa.

■ Desde la familia

Los padres que adquieran el álbum en una librería también entregarán a sus hijos el cromo cada domingo después de haber asistido a la celebración de la misa. Pueden hacer juntos las actividades o, al menos, los guiarán en su desarrollo.

ESTRUCTURA DE LOS MATERIALES DE CADA DOMINGO

En cada una de esas páginas, los niños, junto con sus padres, encontrarán **cuatro momentos** para volver a la enseñanza del evangelio proclamado el domingo:

1. En un primer momento se trata de comentar en pocas líneas la relación **entre el evangelio dominical y el cromo** (que se entregará a los niños al final de la misa o en el momento que se considere oportuno).

2. El segundo momento, consiste en una **actividad** cuyo fin es que padres e hijos vuelvan al texto proclamado en la misa y se familiaricen con la lectura del Evangelio. No debemos restar importancia al hecho de que padres e hijos vayan al Evangelio, aunque sea para realizar una sencilla actividad. Sabemos muy bien que la fuerza intrínseca de la Palabra de Dios puede hacer renacer en cualquier momento esa fe inicial que había sido descuidada.

3. El tercer momento es una **invitación a la oración**, que debe constituir el comienzo de un diálogo con el Señor y que cada uno deberá continuar con sus propias palabras.

4. En el cuarto y último momento, proponemos la **elaboración de un propósito** para la semana. En este punto queremos insistir en la importancia que tiene tomar conciencia de que la Eucaristía es «fuente, centro y culmen de nuestra vida cristiana». Por tanto, nuestra participación en ella debe tener para nosotros consecuencias que se expresen mediante compromisos concretos.

HAROLD MAURICIO DELGADO GUTIÉRREZ, PBRO.
Parroquia Ntra. Sra. del Carmen de Benidorm

Participamos en la fiesta de la **Eucaristía**

RITOS INICIALES

Saludo inicial

Sacerdote: En el nombre del Padre, y del Hijo, y del Espíritu Santo.

Pueblo: Amén.

S: La gracia de nuestro Señor Jesucristo, el amor del Padre y la comunión del Espíritu Santo esté con todos vosotros.

P: Y con tu espíritu.

Acto penitencial

S: Para celebrar dignamente estos sagrados misterios, reconozcamos nuestros pecados.

P: Yo confieso ante Dios todopoderoso
y ante vosotros, hermanos,
que he pecado mucho de pensamiento,
palabra, obra y omisión.
Por mi culpa, por mi culpa, por mi gran culpa.
Por eso ruego a Santa María, siempre Virgen,
a los ángeles, a los santos y a vosotros, hermanos,
que intercedáis por mí ante Dios, nuestro Señor.

S: Dios todopoderoso tenga misericordia
de nosotros, perdone nuestros pecados
y nos lleve a la vida eterna.

S: Señor, ten piedad.

P: Señor, ten piedad.

S: Cristo, ten piedad.

P: Cristo, ten piedad.

S: Señor, ten piedad.

P: Señor, ten piedad.

Gloria

Gloria a Dios en el cielo,
y en la tierra paz a los hombres que ama el Señor.
Por tu inmensa gloria te alabamos,
te bendecimos, te adoramos, te glorificamos,
te damos gracias.
Señor Dios, Rey celestial, Dios Padre todopoderoso.
Señor Hijo único, Jesucristo,
Señor Dios, Cordero de Dios, Hijo del Padre;
Tú que quitas el pecado del mundo,
ten piedad de nosotros;
Tú que quitas el pecado del mundo,
atiende nuestra súplica;
Tú que estás sentado a la derecha del Padre,
ten piedad de nosotros.
Porque sólo Tú eres Santo,
sólo Tú Señor,
sólo Tú Altísimo Jesucristo,
con el Espíritu Santo, en la gloria de Dios Padre.
Amén.

LITURGIA DE LA PALABRA

Primera y Segunda lectura

Lector: *(Al final)* Palabra de Dios.

P: Te alabamos, Señor.

Evangelio

S: *(Al inicio)* El Señor esté con vosotros.

P: Y con tu espíritu.

S: Lectura del Santo Evangelio, según san...

P: Gloria a ti, Señor.

S: *(Al final)* Palabra del Señor.

P: Gloria a ti, Señor Jesús.

Profesión de fe

P: Creo en Dios, Padre todopoderoso,
Creador del cielo y de la tierra.
Creo en Jesucristo,
su único Hijo, nuestro Señor,
que fue concebido por obra y gracia
del Espíritu Santo,
nació de Santa María Virgen,
padeció bajo el poder de Poncio Pilato,
fue crucificado, muerto y sepultado,
descendió a los infiernos,
al tercer día resucitó de entre los muertos,
subió a los cielos y está sentado
a la derecha de Dios, Padre todopoderoso.
Desde allí ha de venir a juzgar a vivos y muertos.
Creo en el Espíritu Santo,
la santa Iglesia católica,
la comunión de los santos,
el perdón de los pecados,
la resurrección de la carne
y la vida eterna. Amén.

LITURGIA DE LA EUCARISTIA

Presentación de las ofrendas

S: Bendito seas, Señor, Dios del universo,
por este pan, fruto de la tierra
y del trabajo del hombre,
que recibimos de tu generosidad
y ahora te presentamos;
él será para nosotros pan de vida.

P: Bendito seas por siempre, Señor.

S: Bendito seas, Señor, Dios del universo,
por este vino, fruto de la vid
y del trabajo del hombre,
que recibimos de tu generosidad
y ahora te presentamos;
él será para nosotros bebida de salvación.

P: Bendito seas por siempre, Señor.

S: Orad, hermanos, para que este sacrificio,
mío y vuestro, sea agradable a Dios,
Padre todopoderoso.

P: El Señor reciba de tus manos este sacrificio
para alabanza y gloria de su nombre,
para nuestro bien
y el de toda su santa Iglesia.

Plegaria eucarística

S: El Señor esté con vosotros.

P: Y con tu espíritu.

S: Levantemos el corazón.

P: Lo tenemos levantado hacia el Señor.

S: Demos gracias al Señor nuestro Dios.

P: Es justo y necesario.

S: (Proclama el prefacio correspondiente al día).

P: Santo, Santo, Santo es el Señor,
Dios del universo.
Llenos están el cielo y la tierra de tu gloria.
Hosanna en el cielo.
Bendito el que viene en nombre del Señor.
Hosanna en el cielo.

Aclamación

S: Este es el Sacramento de nuestra fe.

P: Anunciamos tu muerte, proclamamos
tu Resurrección. ¡Ven, Señor Jesús!

Aclamación final

S: Por Cristo, con él y en él,
a ti, Dios Padre omnipotente,
en la unidad del Espíritu Santo,
todo honor y toda gloria,
por los siglos de los siglos.

P: Amén.

Rito de la comunión

P: Padre nuestro, que estás en el cielo,
santificado sea tu Nombre;
venga a nosotros tu reino;
hágase tu voluntad
en la tierra como en el cielo.
Danos hoy nuestro pan de cada día;
perdona nuestras ofensas,
como también nosotros perdonamos
a los que nos ofenden;
no nos dejes caer en la tentación,
y líbranos del mal. Amén.

S: Líbranos de todos los males, Señor,
y concédenos la paz en nuestros días,
para que, ayudados por tu misericordia,
vivamos siempre libres de pecado
y protegidos de toda perturbación,
mientras esperamos la gloriosa venida
de nuestro Salvador Jesucristo.

P: Tuyo es el reino, tuyo el poder y la gloria,
por siempre, Señor.

Rito de la paz

S: Señor Jesucristo... vives y reinas por los siglos
de los siglos.

P: Amén.

S: La paz del Señor esté siempre con vosotros.

P: Y con tu espíritu.

S: Daos fraternalmente la paz. *(Según sea
la costumbre, se intercambia un signo de paz.)*

P: Cordero de Dios, que quitas el pecado
del mundo, ten piedad de nosotros. *(Se repite
dos veces.)*
Cordero de Dios, que quitas el pecado
del mundo, danos la paz.

Comunión de los fieles

S: Este es el Cordero de Dios...
Dichosos los invitados a la Cena del Señor.

P: Señor, no soy digno de que entres en mi casa,
pero una palabra tuya bastará para sanarme.

S: El Cuerpo de Cristo.

P: Amén.

RITOS DE DESPEDIDA

Bendición

S: El Señor esté con vosotros.

P: Y con tu espíritu.

S: La bendición de Dios todopoderoso *(todos
se santiguan)* descienda sobre vosotros.

P: Amén.

Despedida y envío

S: Podéis ir en paz.

P: Demos gracias a Dios.

🎵 La misa es una fiesta muy alegre

La misa es una fiesta muy alegre,
la misa es una fiesta con Jesús.
La misa es una fiesta que nos une,
la misa es una fiesta con Jesús.

Cada domingo celebramos
que nuestro amigo nos salvó,
que por amarnos dio su vida
y resucitó. (2 veces)

Con su palabra nos enseña,
nos alimenta con su pan,
nos compromete a ser amigos
y a caminar. (2 veces)

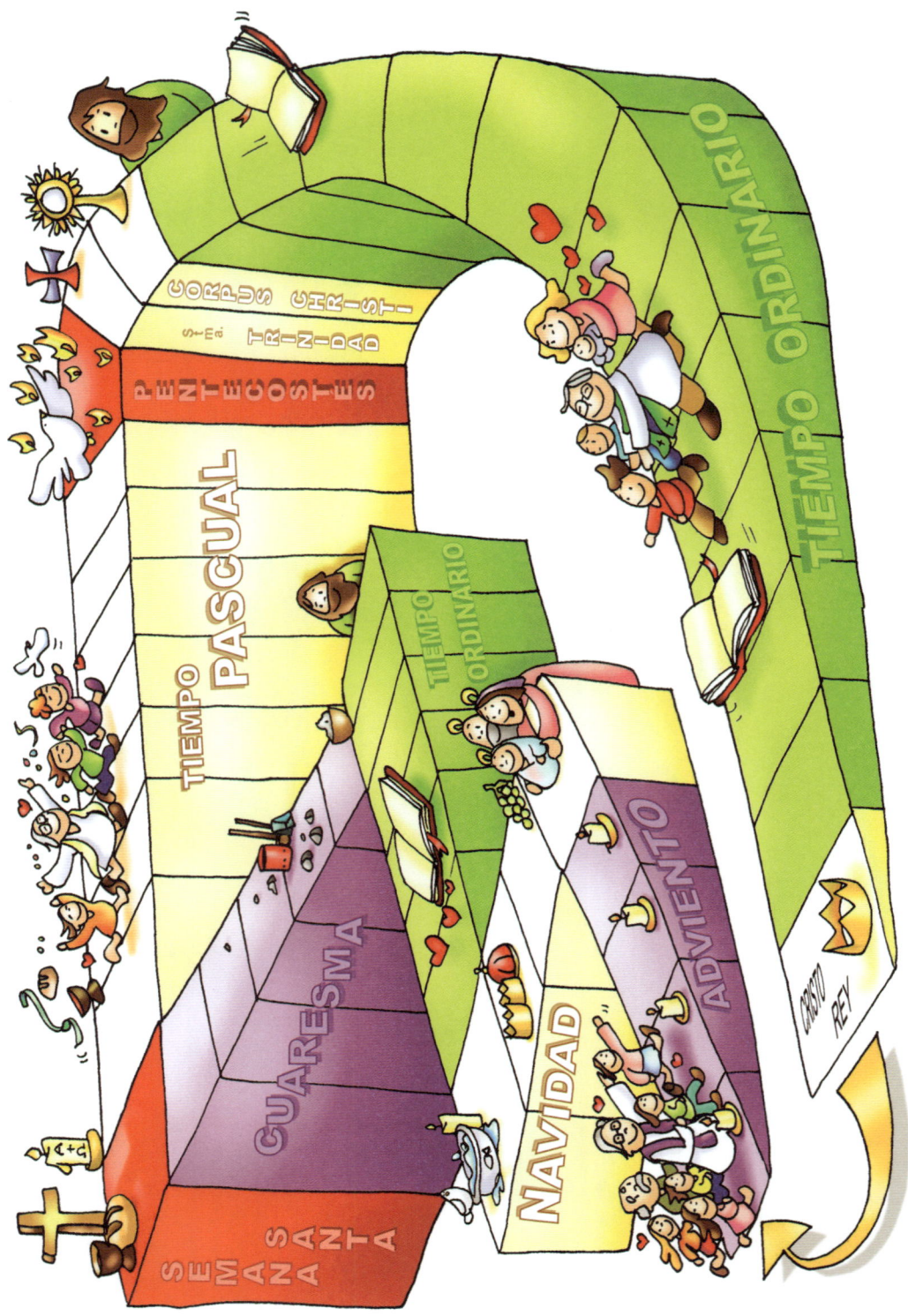

En este cuadro se recogen los diferentes tiempos litúrgicos, y su gradualidad, como una pista de ascenso hacia la Pascua. También se señalan los colores litúrgicos correspondientes.

El año litúrgico marca la organización del tiempo y de las fiestas y solemnidades que celebramos los cristianos durante todo el año. Fundamentalmente se recuerdan los momentos más importantes de la vida de Jesús, dedicando más tiempo a celebrar su nacimiento y su muerte y resurrección. Pero también vamos recordando a muchos santos y celebramos sus aniversarios. Este tiempo no coincide con el inicio y el final del año según el calendario. Se inicia el último domingo del mes de noviembre, día en el que comienza el tiempo de Adviento. El Adviento es el tiempo de preparación de la Navidad en el que recordamos el nacimiento de Jesús. Y el ciclo concluye el sábado anterior a ese domingo, pero del año natural siguiente. Los dos períodos más importantes recuerdan la Navidad y la Pascua de Jesús y se dedica mucho tiempo para prepararnos para ello. Estos tiempos de preparación son el tiempo de Adviento y el tiempo de Cuaresma respectivamente. El resto del tiempo se llama tiempo ordinario.

- **El Adviento** es presentado, con el morado, por las cuatro velas de la corona de Adviento que expresan el sentido de la esperanza y conversión en la que se sitúa la Iglesia.

- **La Navidad**, en blanco, nos ofrece las figuras de la Sagrada Familia, centradas en el Niño Jesús. El artista hace una concesión al final del año civil, con el dibujo de las uvas.

- **La Epifanía**, dentro del ciclo de la Navidad, nos ofrece la manifestación del Hijo de Dios a todas las gentes, representadas en los tocados de los Magos.

- **El Bautismo de Jesús**, la manifestación de Jesús a los pecadores, nos es evocado con el dibujo del agua y el Espíritu, en forma de paloma.

- El verde esperanza, nos adentra en la primera parte del **Tiempo ordinario**, en el que la vida comunitaria se centra en la escucha atenta y fiel de la Palabra de Dios.

- **La Cuaresma**, con el morado, se inicia con la ceniza penitencial y los enseres de limpieza que nos recuerdan la necesidad de reconciliación.

- Llegando a la cota más alta, nos encontramos el rojo de la pasión, para representarnos **los tres días santos:** Viernes (muerte-la cruz), Sábado (sepultura) y Domingo de Pascua (resurrección-cirio pascual), con el preludio del Jueves (pan y vino de la Eucaristía).

- Durante la cincuentena del **Tiempo pascual**, ornados con el color blanco, nos situamos en la cota más alta, manteniendo el mismo nivel festivo que corresponde al acontecimiento fundamental: La Resurrección de Jesús.

- Tiempo pascual que encuentra su colofón en el don del Espíritu en **Pentecostés,** con el color rojo evocador del fuego del Espíritu que nos hace testigos de la Resurrección.

- En la transición, de nuevo, al Tiempo ordinario, dos fiestas, con el blanco festivo, subrayan dos misterios fundamentales de nuestra fe, presentes en todo el año: el misterio de **la Trinidad** y el misterio de la Eucaristía (fiesta del **Corpus**).

- Finalmente, nos vamos deslizando cuesta abajo, con el verde de la esperanza, por el resto de domingos del Tiempo Ordinario, con la escucha serena y comprometida de la Palabra de Dios, hasta el último domingo, fiesta de **Cristo Rey**, con la que se cierra el ciclo litúrgico.

Adaptado de Queremos ver a Jesús 1. Guía del catequista y catequesis familiar. Arzobispado de Zaragoza. PPC

Marcos 10,2-16

"El hombre se unirá a su mujer
y serán los dos una sola carne."

www.e-sm.net/b_domingo27

ACTIVIDAD

- El matrimonio es centro de felicidad y alegría, pero, para mantenerlo vivo, hay que cuidar los detalles y dar color a la vida.
  ▶ Busca los 10 detalles que aparecen en el primer dibujo y que no están en el segundo.

ORACIÓN

Señor, la dureza de nuestro corazón
hace que nos cueste amar y cumplir
tu voluntad. Te pedimos que llenes
nuestros corazones de tu amor
y nos capacites para entregarnos a ti
y a los demás sin egoísmos
ni mezquinos intereses.
Amén.

PROPÓSITO

EVANGELIO

Marcos 10,17-30
"Vende lo que tienes
y sígueme."

_____

_____

_____

_____

www.e-sm.net/b_domingo28

ACTIVIDAD

● El joven rico le pregunta a Jesús qué debe hacer para heredar la vida eterna.
  ▶ Ve al texto del Evangelio de esta semana y podrás completar la respuesta que le dio el Señor.

Y_ S__B__N L__S M__ND__M____NT__S:

● N__ M__T__R__S

● N__ C__M__T__R__S __D__LT__R___

● N__ R__B__R__S

● N__ D__R__S F__LS__ T__ST__M__N___

● N__ __ST__F__R__S

● H__NR__ __ T__ P__DR__ Y __ T__ M__DR__

  ▶ ¿Cuál fue el motivo por el que el joven no quiso seguir a Jesús?

_____

_____

ORACIÓN

Dios Todopoderoso, que nos invitas a seguirte
posponiendo las cosas materiales,
te pedimos que sepamos desprendernos
de aquello que nos impide amarte y servirte
con todo el corazón, el alma y las fuerzas.
Por Jesucristo, tu Hijo, nuestro Señor.
Amén.

PROPÓSITO

_____

_____

_____

_____

EVANGELIO

Marcos 10,35-45
"El que quiera ser grande,
sea vuestro servidor."

_____

_____

_____

_____

www.e-sm.net/b_domingo29

ACTIVIDAD

▶ En esta sopa de letras hallarás **cuatro nombres propios** que aparecen en el texto evangélico y la **palabra clave** del mensaje de hoy. Cuando las encuentres, pinta cada palabra con un color diferente (algunas se leen de abajo arriba o de arriba abajo).

▶ Observa los dibujos. ¿Qué servicio estás dispuesto a hacer? Rodea aquellas cosas que ya haces o que vas a hacer por los demás.

S	E	R	V	I	C	I	O
A	G	J	M	N	B	Y	E
N	S	B	J	A	J	U	D
T	U	S	E	R	J	I	E
I	R	S	S	P	L	J	B
A	G	J	U	A	N	Y	E
G	D	Q	S	A	J	U	Z
O	U	S	V	R	J	I	M

ORACIÓN

Jesús, maestro bueno,
queremos seguir tus pasos.
Danos tu Espíritu, para aprender a vivir
en la generosidad y el servicio.
Muéstranos el camino de la entrega
y ayúdanos a descubrir
que "dando se recibe",
como nos enseña la oración
de san Francisco.
Amén.

PROPÓSITO

_____

_____

_____

_____

Marcos 10,46-52

"Maestro,
haz que pueda ver."

_____

_____

_____

_____

www.e-sm.net/b_domingo30

ACTIVIDAD

- A continuación encontrarás cuatro frases desordenadas que aparecen en el texto evangélico de este domingo.
- ▶ Ordena las palabras y escribe la frase tal como está en el relato evangélico.

TEN   MÍ   DAVID   DE   HIJO   DE   COMPASIÓN

_____

QUE   LEVÁNTATE,   TE   ÁNIMO,   LLAMA

_____

ACERCÓ   EL   DIO   JESÚS   A   SALTO   MANTO,   UN   Y   SE   SOLTÓ

_____

DIJO: FE   CURADO"   HA   "ANDA,   TE   LE   TU   JESÚS

_____

ORACIÓN

Señor Jesús, aquí me tienes,
como un mendigo ciego y pobre.
¡Ten compasión de mí! ¡Haz que vea
y experimente el gran amor que tú me tienes!
Que tu Palabra penetre en mi mente
y en mi corazón, y aleje la oscuridad
que no me deja verte.
Amén

PROPÓSITO

_____

_____

_____

_____

EVANGELIO

Marcos 12,28b-34
"Amarás al Señor sobre todas las cosas."

www.e-sm.net/b_domingo31

ACTIVIDAD

▶ Selecciona, entre las de abajo, la respuesta correcta para cada pregunta y tacha la letra que corresponde:

1	¿Cuál es el mandamiento más importante?	A	B	C	D
2	¿Quién le hizo la pregunta a Jesús?	A	B	C	D
3	¿Cuál es el segundo mandamiento más importante?	A	B	C	D
4	¿Cuántos son los mandamientos de la Ley de Dios?	A	B	C	D

A Amarás a tu prójimo como a ti mismo.
B Diez.
C Un escriba.
D Amarás al Señor, tu Dios, con todo tu corazón, con toda tu alma, con toda tu mente, con todo tu ser.

ORACIÓN

Señor, fuego ardiente de amor eterno,
haz que, inflamados en tu amor,
te amemos a ti sobre todas las cosas
y a nuestro prójimo por amor tuyo.
Por Jesucristo nuestro Señor.
Amén.

PROPÓSITO

Marcos 12,38-44

"Esa pobre viuda
ha echado más que nadie."

_____

_____

_____

_____

www.e-sm.net/b_domingo32

ACTIVIDAD

▶ Contesta verdadero o falso:

	V	F
La viuda pobre echó en el arca de las ofrendas lo que le sobraba.	V	F
Jesús habla de los escribas como un buen modelo a seguir.	V	F
Según Jesús, los ricos echaron menos en el arca de las ofrendas.	V	F
La viuda pobre, que pasaba necesidad, echó todo lo que tenía.	V	F

▶ Colorea el dibujo y, en compañía de tus padres, piensa en las cosas que hacemos o no a partir de estas preguntas:

¿Damos alguna vez, no de lo que nos sobra, sino de lo que nos haría falta a nosotros?

¿Damos solo limosna, o nos entregamos a nosotros mismos: nuestro tiempo, nuestro trabajo, nuestro amor?

Cuando vemos a otros en situaciones difíciles, ¿les ayudamos, sabemos compartir con ellos los bienes que poseemos?

ORACIÓN

Señor, enséñanos a ser generosos,
a dar sin calcular, a devolver bien por mal,
a servir sin esperar recompensa,
a acercarnos al que menos nos agrada,
a hacer el bien al que nada puede retribuirnos,
a amar siempre gratuitamente.
Y, al no tener otra cosa que dar,
a donarnos en todo y cada vez más.
Amén.

PROPÓSITO

_____

_____

_____

_____

EVANGELIO

Marcos 13,24-32

"El cielo y la tierra pasarán,
mis palabras no pasarán."

www.e-sm.net/b_domingo33

ACTIVIDAD

- El evangelio de este domingo nos dice que debemos vivir con esperanza, pues nuestra vida está orientada hacia el encuentro definitivo con Jesús.

▶ Traza, en el siguiente laberinto, el camino que te llevará a Jesús:

ORACIÓN

Señor Jesús, estamos contentos
por muchas cosas y te damos gracias
por todo lo bueno que nos has dado.
Pero te damos gracias, sobre todo,
porque estás siempre con nosotros,
como un amigo que nunca falla.
¡Gracias, Señor!

PROPÓSITO

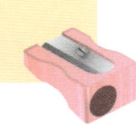

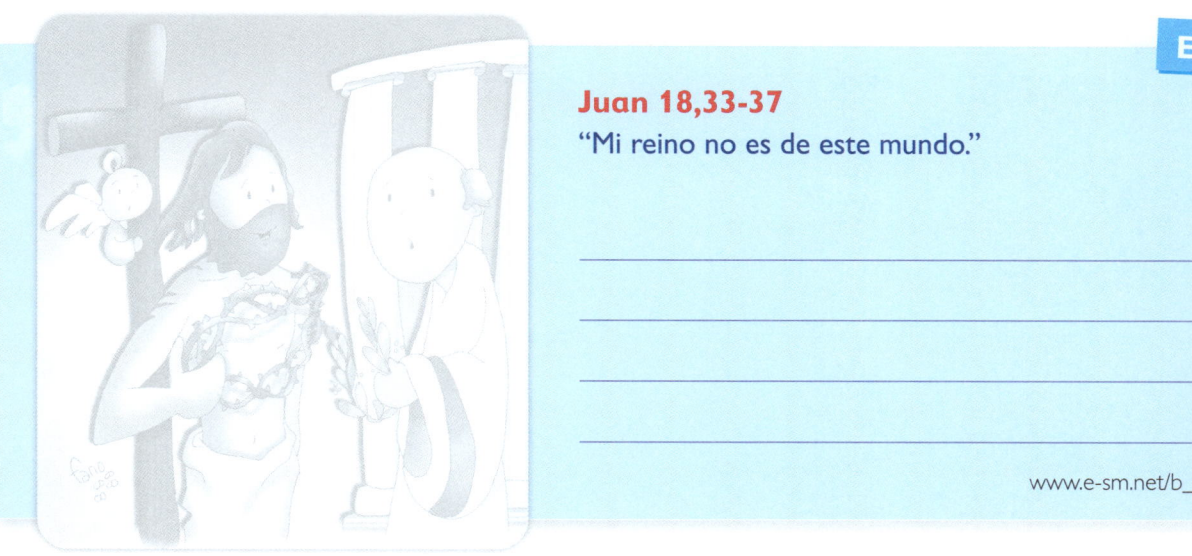

Juan 18,33-37

"Mi reino no es de este mundo."

_____

_____

_____

_____

www.e-sm.net/b_rey_del_universo

ACTIVIDAD

▶ Completa este texto rellenando los espacios con la palabra correcta de entre las siguientes:

PILATO	NACIDO	MUNDO	VERDAD	REY
JUDÍOS	VOZ	TESTIGO	JESÚS	LUCHADO

–MI REINO NO ES DE ESTE __ __ __ __ __ . SI MI REINO FUERA DE ESTE MUNDO,

MI GUARDIA HABRÍA __ __ __ __ __ __ PARA QUE NO CAYERA EN MANOS

DE LOS __ __ __ __ __ __ . PERO MI REINO NO ES DE AQUÍ.

__ __ __ __ __ __ LE DIJO:

–ENTONCES, ¿TÚ ERES REY?

__ __ __ __ __ LE CONTESTÓ:

–TÚ LO DICES: SOY __ __ __ . YO PARA ESTO HE __ __ __ __ __ __ Y PARA ESTO

HE VENIDO AL MUNDO; PARA SER __ __ __ __ __ __ __ DE LA VERDAD.

TODO EL QUE ES DE LA __ __ __ __ __ __ ESCUCHA MI __ __ __ .

Jn 18,36-37

ORACIÓN

Jesús, enséñanos a rezar con ganas
para que venga tu Reino. Para que vivamos
en una sociedad más justa, donde no haya gente
que sufra o le falte lo necesario para vivir.
Ayúdanos a amar a todos para que vivamos
como tú nos enseñaste. Que cada día trabajemos
con amor para que crezca en el mundo
la semilla de tu Reino. Amén.

PROPÓSITO

_____

_____

_____

_____

EVANGELIO

Lucas 21,25-28.34-36
"Se acerca vuestra liberación".

_____

_____

_____

_____

www.e-sm.net/c_adviento I

ACTIVIDAD

● Comenzamos un nuevo año litúrgico, un nuevo año para la Iglesia. E inauguramos este tiempo con el **Adviento**.

▶ Si quieres saber en qué consiste este maravilloso tiempo que nos regala el Señor, tienes que resolver el **criptograma numérico**. A continuación te presentamos un cuadro que te ayudará a resolverlo. ¡Ánimo!

A	C	D	E	G	I	J	L	M	N	Ñ	O	P	Q	R	S	T	U	V
21	26	5	10	23	22	1	2	19	25	7	12	11	4	15	24	20	16	6

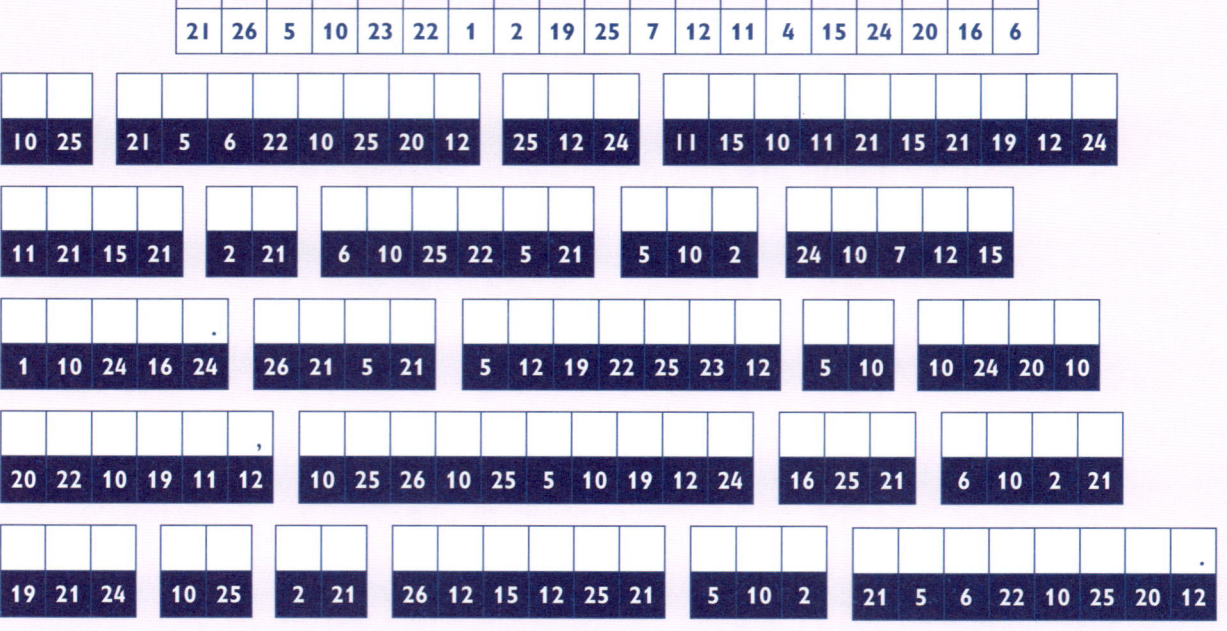

ORACIÓN

¡Qué alegría sentimos al saber
que Jesús ya está en camino!
Gracias, Padre Dios, por el regalo
de tu hijo Jesús, que viene a nosotros
para enseñarnos a ser mejores y liberarnos
de nuestros egoísmos y defectos. Amén.

PROPÓSITO

_____

_____

_____

_____

EVANGELIO

Lucas 3,1-6
"Preparad el camino del Señor".

www.e-sm.net/c_adviento2

ACTIVIDAD

- En este nuevo domingo de Adviento, ¿qué cosas tenemos que arreglar en nuestra vida para preparar la venida de Jesús?
  ▸ Piénselas mientras coloreas el dibujo y luego escríbelas en las líneas.

Fano

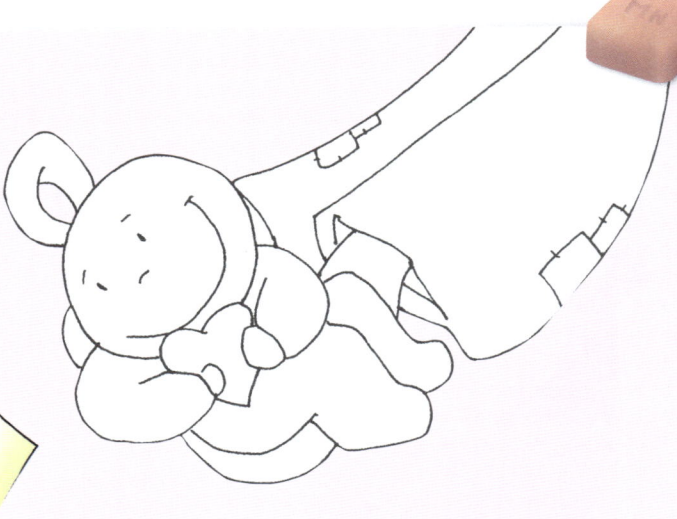

ORACIÓN

Señor Jesús, queremos seguir preparándonos con alegría para celebrar la fiesta de tu nacimiento. Ayúdanos en este Adviento a vencer los apegos y comodidades que nos impiden crecer. Haz que superemos los miedos que nos paralizan y nos sacudamos de la rutina que nos sume en la mediocridad. Amén.

PROPÓSITO

EVANGELIO

Lucas 3,10-18
"¿Qué hacemos nosotros?".

_____

_____

_____

_____

www.e-sm.net/c_adviento3

ACTIVIDAD

▶ Resuelve el crucigrama. Puedes leer de nuevo el texto bíblico de este domingo, Lc 3,10-18:

Horizontales

1. Personaje que hoy nos invita a preparar la venida de nuestro Salvador.
2. Reciben el mandato de no extorsionar ni provecharse de nadie.
3. Palabra que puede resumir el consejo que reciben los primeros que se acercan al Bautista.

Verticales

4. Según el texto, acudieron a bautizarse.
5. Nos bautizará con Espíritu Santo y fuego.

ORACIÓN

Señor Jesús, ayúdanos
a ser generosos en la entrega.
Haz que, como María, escuchemos siempre
tu Palabra y seamos solidarios
con los que sufren,
para que la celebración ya cercana
de la Navidad llene de alegría
a todos. Amén.

PROPÓSITO

_____

_____

_____

_____

_____

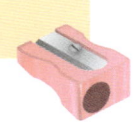

Lucas 1,39-45

"¿Quién soy yo para que me visite la madre de mi Señor?".

_____

_____

_____

_____

www.e-sm.net/c_adviento4

ACTIVIDAD

▶ Veamos cuánto sabes de la Navidad. Completa:

Horizontales

1. Ciudad en la que nació Jesús. También llamamos así a la representación del nacimiento.
2. Tiempo en el que nos preparamos para vivir la Navidad.
3. Madre de Jesús.
4. Objeto decorativo típico de la fiesta de Navidad. Suele adornarse con luces.
5. Fiesta en la que celebramos la visita de los Magos a Jesús.
6. Fiesta con la que terminamos el tiempo de Navidad. Marca el comienzo de la vida pública de Jesús.
7. Esposo de María y padre adoptivo de Jesús.
8. Nombre que significa "Dios con nosotros" (puedes verlo en Mt 1,23).

Verticales

9. Personajes de Oriente que obsequiaron a Jesús con incienso, mirra y oro.
10. Nombre del ángel que le anunció a María que iba a ser la madre de Jesús.
11. Jesús, María y José conforman la Sagrada…
12. Uno de los presentes con que los personajes de Oriente le obsequiaron a Jesús y que expresa la humanidad de este.
13. Personaje que tuvo como misión preparar la venida del Señor. Bautizó a Jesús.
14. Tiempo en el que celebramos el nacimiento de Jesús.
15. Regalo de los Magos a Jesús, que expresa su condición de Rey.
16. Rey de Judea en la época en que nació Jesús.

ORACIÓN

María, ¡cómo cuesta decirle sí al Señor!
Enséñanos a confiar en su Palabra,
a dejarnos guiar por su Espíritu,
a llenarnos de su amor
y de su alegría. Nos ponemos
en tus manos, Madre buena,
para que nos hagas fuertes en la fe,
comprometidos en la caridad
y firmes en la esperanza. Amén.

PROPÓSITO

_____

_____

_____

_____

_____

NAVIDAD

EVANGELIO

Natividad del Señor • **Juan 1,1-18**
La Palabra se hizo carne y acampó entre nosotros.

♫ **25 de Diciembre**
25 de Diciembre, fun, fun, fun.
25 de Diciembre, fun, fun, fun.
Un niñito muy bonito
ha nacido en un portal.
Con su carita de rosa
parece una flor hermosa,
fun, fun, fun.

www.e-sm.net/c_natividad

EVANGELIO

La Sagrada Familia • **Lucas 2,41-52**
Los padres de Jesús lo encuentran en medio de los maestros.

♫ **Las barbas de san José**
San José al niño Jesús
un beso le dio en la cara,
y el niño Jesús le dijo:
Que me pinchas
con las barbas.

Pastores venid,
pastores llegad,
adorad al niño,
adorad al niño
que ha nacido ya.

www.e-sm.net/c_sagrada_familia

EVANGELIO

Santa María, Madre de Dios • **Lucas 2,16-21**
Encontraron a María y a José, y al niño.

♫ **Salve, Reina y Madre**
Salve, Reina y Madre, salve dulce amor,
del jardín del cielo la más bella flor.
Salve, Reina y Madre, salve dulce amor,
del jardín del cielo la más bella flor,
del jardín del cielo la más bella flor.

www.e-sm.net/c_santa_maria

EVANGELIO

Domingo II de Navidad • **Juan 1,1-18**

En el principio ya existía la Palabra.

🎵 **El camino a Belén**

El camino que lleva a Belén,
baja hasta el valle que la nieve cubrió,
los pastorcitos quieren ver a su rey,
le traen regalos en su humilde zurrón,
ropoponpon ropoponpon.
Ha nacido en un portal de Belén el niño Dios.

www.e-sm.net/c_domingo_2_navidad

EVANGELIO

Epifanía del Señor • **Mateo 2,1-12**

"Venimos de Oriente para adorar al Rey".

🎵 **Ya viene la vieja**

Ya vienen los Reyes por los arenales,
ya le traen al Niño muy ricos pañales.

**Campanillas verdes,
hojas de limón,
la Virgen María,
Madre del Señor.**

www.e-sm.net/c_epifania

ORACIÓN

Felicidades, Jesús
Felicidades, Jesús.
Hoy es un día especial:
es el día de tu cumpleaños.
Hace muchos años
viniste a la Tierra
para enseñarnos
a conocer a Dios
y a vivir una vida feliz.
Gracias por hacernos
a todos hermanos.
¡¡Felicidades, Jesús!!

PROPÓSITO

En esta Navidad yo quiero......

_____

_____

_____

_____

_____

_____

EVANGELIO

Lucas 3,15-16.21-22

Jesús se bautizó. Mientras oraba, se abrió el cielo.

_____

_____

_____

_____

www.e-sm.net/c_bautismo

ACTIVIDAD

▶ Con ayuda de tus padres y de tu catequista, si es necesario, completa el nombre de los símbolos del rito del Bautismo. Luego, averigua su significado.

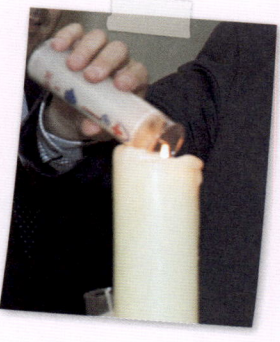

L _ _

O _ _ _ _

C _ _ _ _ _

P _ _ _

B _ _ _ _ _ _ _ _ _ _

A _ _ _ _

EL BAUTISMO NOS HACE AMIGOS DE JESÚS Y HERMANOS UNOS DE OTROS

ORACIÓN

Señor, ahora comprendo
un poco más el inmenso regalo
que me diste en mi Bautismo.
Te pido, Padre,
que acrecientes cada día
la gracia bautismal en mí,
para que pueda vivir siempre
como un digno hijo tuyo. Amén.

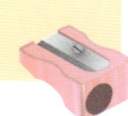

PROPÓSITO

_____

_____

_____

_____

EVANGELIO

Lucas 2,22-40
"Mis ojos han visto a tu salvador."

_____

_____

_____

_____

_____

ACTIVIDAD

▸ Completa el mensaje perdido del pergamino y descubrirás las hermosas palabras que Simeón, inspirado por el Espíritu Santo, pronunció acerca del Niño Jesús. Da color al dibujo.

Cuando entraban con el _____ Jesús sus _____ para cumplir con él lo previsto por la ley, _____ lo tomó en brazos y _____ a Dios diciendo:

"Ahora, _____, según tu _____, puedes dejar a tu _____ irse en paz. Porque mis ojos han visto a tu _____, a quien has _____ ante todos los pueblos, como _____ para alumbrar a las _____ y gloria de tu pueblo _____."

Lucas 2,29-32

Israel • bendijo • padres
siervo • naciones
Salvador • Señor • niño
presentado • luz •
Simeón • promesa

ORACIÓN

Señor, tú has venido al mundo
como la Luz que alumbra
a todos los pueblos.
Te pedimos que las velas encendidas
que llevaremos en las manos
sean el signo de nuestro deseo
de acogerte y seguirte
como la Luz de nuestra vida.
Amén.

PROPÓSITO

_____

_____

_____

_____

SEGÚN CORRESPONDA

Juan 2,1-11
"Haced lo que él diga".

_____

_____

_____

_____

www.e-sm.net/c_domingo2

ACTIVIDAD

▶ Repasa la lectura de este domingo, Juan 2,1-11, y encierra en un círculo la respuesta correcta:

¿Dónde se celebraba la boda?	JERUSALÉN	CANÁ	NAZARET
¿Qué fue lo que faltó en la boda?	AGUA	CORDERO	VINO
¿Quién le dijo a Jesús lo que faltaba?	LA NOVIA	EL MAYORDOMO	MARÍA
¿Cuántas tinajas había en el lugar?	SEIS	CUATRO	SIETE
Jesús mandó que llenaran las tinajas de…	VINO	CERVEZA	AGUA

▶ En el relato evangélico, María dice a los sirvientes algo que todos debemos escuchar y seguir como un sabio consejo. Escríbelo en estas casillas:

| H | | | |

| | | Q | |

| | |

| | | A |

ORACIÓN

Gracias, Señor, por tu presencia en nuestra vida.
Gracias por quedarte con nosotros
para que el agua de cada día
se convierta en un vino
mejor que el primero. Gracias, también,
por la presencia de María,
tu Madre y nuestra Madre,
que nos ayuda
a descubrirte y a escucharte. Amén.

PROPÓSITO

_____

_____

_____

_____

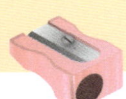

EVANGELIO

Lucas 1,1-4; 4,14-21
"Hoy se cumple esta Escritura".

_____

_____

_____

_____

www.e-sm.net/c_domingo3

ACTIVIDAD

▶ Sustituye cada símbolo por la letra del alfabeto que le corresponde y habrás resuelto el misterio.

CLAVE	B	C	D	E	F	G	H	I	J	L	M	N	Ñ	O	P	Q	R	S	T	U	V	W	X	Y	Z

ORACIÓN

Señor Jesús, tú eres la Buena Noticia
que todos estábamos esperando.
Gracias por traer esperanza,
libertad, paz y alegría a este mundo
tan necesitado de tu presencia.
Te pedimos que también nosotros
seamos portadores de este mensaje
de salvación, sobre todo,
para los que más sufren. Amén.

PROPÓSITO

_____

_____

_____

_____

_____

27

SEGÚN CORRESPONDA

EVANGELIO

Lucas 4,21-30
"¿No este el hijo de José?".

_____

_____

_____

_____

www.e-sm.net/c_domingo4

ACTIVIDAD

- Jesús nos ama tanto que nos tiene a todos en un lugar muy especial.
  ▶ Une los puntos y descubrirás cuál es ese sitio. Luego, colorea la figura.

ORACIÓN

Señor, Tú que ofreces la salvación a todo hombre sin distinción, concédenos un corazón capaz de acoger a todos. Que cuando sintamos la tentación de tratar a unas personas de manera diferente a otras, recordemos que todos somos hijos tuyos y sepamos tratarlos como hermanos. Amén.

PROPÓSITO

_____

_____

_____

_____

_____

SEGÚN CORRESPONDA

Lucas 5,1-11

Sacaron las barcas a tierra
y, dejándolo todo, lo siguieron.

_____
_____
_____
_____

www.e-sm.net/c_domingo5

ACTIVIDAD

- Jesús desea que también nosotros seamos pescadores de hombres. Si somos fieles al hablar a otros de Jesús y de su amor, ¡Jesús traerá la pesca!
  ▶ Colorea la escena.

ORACIÓN

Señor Jesús, gracias por todos los que han dejado todo y dedican su vida a la evangelización. También nosotros estamos llamados a llevar tu Buena Noticia a todos los lugares, a todas las vidas. Ayúdanos para que, con nuestras palabras y acciones, seamos verdaderos testigos de tu amor. Amén.

PROPÓSITO

_____
_____
_____
_____
_____

SEGÚN CORRESPONDA

EVANGELIO

Lucas 6,17.20-26

"Bienaventurados los pobres,
porque vuestro es el Reino de Dios".

_____

_____

_____

_____

www.e-sm.net/c_domingo6

ACTIVIDAD

• Sigue los caminos y escribe las palabras en los bloques. Descubre el importante mensaje del Evangelio de este domingo.

los ricos,

saciados.

tenéis hambre,

¡ay de vosotros,

porque ya

vuestro consuelo!

tenéis

Dichosos los que

porque quedaréis

Pero,

ORACIÓN

Querido Jesús, hoy nos has enseñado
que las bienaventuranzas son camino
hacia la verdadera felicidad.
Haz que aprendamos a vivir
según tus criterios, que nos liberemos
de los falsos valores del mundo
y nos abramos a los verdaderos bienes
presentes y futuros.
Amén.

PROPÓSITO

_____

_____

_____

_____

_____

EVANGELIO

Lucas 6,27-38

"Sed compasivos, como vuestro Padre es compasivo".

_____

_____

_____

_____

www.e-sm.net/c_domingo7

ACTIVIDAD

- En los siguientes "mezcladitos" hallarás las palabras que te servirán para completar algunas frases que aparecen en el Evangelio de este domingo. Recuerda que en este juego una misma letra te puede servir para formar distintas palabras, como te mostramos en el primer ejemplo.
- ▶ Diviértete al descubrir las palabras y completar las frases.

O	G	I	A
S	X	M	O
H	A	D	E
D	C	E	N

AMAD
A VUESTROS
ENEMIGOS,
HACED
EL BIEN
A LOS QUE
OS ODIAN.

S	E	D	A
I	A	R	P
V	P	M	O
O	X	O	C

_ _ _

COMPASIVOS,

_ _ _ _

VUESTRO

_ _ _ _ _   ES

_ _ _ _ _ _ _ _ .

S	I	E	N
E	E	S	E
R	O	N	D
C	X	W	Y

NO

_ _ _ _ _ _ _ _

Y

NO _ _ _ _ _ _

CONDENADOS.

Q	K	A	S
U	M	I	O
E	R	E	L
D	P	U	L

TRATAD

A LOS _ _ _ _ _

COMO

_ _ _ _ _ _ _

QUE _ _ _ _ _

OS TRATEN.

ORACIÓN

Señor Jesús, ahora comprendemos
cuál debe ser nuestra actitud
ante la violencia y el mal
que hay en el mundo:
responder al mal con el bien.
Esto es algo que excede
nuestra débil capacidad humana.
Por eso, imploramos tu gracia
para afrontar el mal
únicamente con la fuerza del amor.
Amén.

PROPOSITO

_____

_____

_____

_____

_____

_____

Lucas 4,1-13
El Espíritu lo fue llevando por el desierto, mientras era tentado por el diablo.

_____

_____

_____

_____

www.e-sm.net/c_cuaresma1

ACTIVIDAD

▶ Organiza las letras mayúsculas y completa las frases siguientes, que te enseñarán muchas cosas sobre la Cuaresma que comenzamos estos días:

La Cuaresma es el tiempo de preparación para la __ __ __ __ __ __ __ .
S P A U C A

Este tiempo dura __ __ __ __ __ __ __ __ __ __ __ __ __ .
A E T C U R N A   A S D Í

La Cuaresma comienza el __ __ __ __ __ __ __ __ __
R L S E M I E O C

__ __   __ __ __ __ __ __ .
E D   C N E Z I A

Este es un tiempo de __ __ __ __ __ __ __ __ __
C V E R O N S I O N

__ __ __ __ __ __ __ __ __ .
Y   P N I E T E N I C A

Las prácticas cuaresmales que recomienda la Iglesia son __ __ __ __ __ __ ,
A U Y N O

__ __ __ __ __ __ __   __   __ __ __ __ __ __ __ .
O C I N O R A   Y   M O S L I N A

ORACIÓN

Señor, fortalécenos con tu auxilio
al empezar la Cuaresma,
para que nos mantengamos
en espíritu de conversión;
que la austeridad penitencial
de estos días nos ayude
en el combate cristiano
contra las fuerzas del mal.
Por nuestro Señor Jesucristo. Amén.

PROPÓSITO

_____

_____

_____

_____

_____

Lucas 9,28b-36
"Este es mi Hijo, el escogido, escuchadle".

_____

_____

_____

_____

www.e-sm.net/c_cuaresma2

ACTIVIDAD

▸ Lee de nuevo el texto de Lucas 9,28b-36 y responde a las siguientes preguntas:

¿Qué dijo la voz que venía del cielo?

_____

_____

¿Quiénes aparecieron junto a Jesús?

_____

¿Cómo se llama el monte al que Jesús subió con sus amigos?

_____

¿Cómo se llamaban los tres apóstoles de Jesús que le acompañaron?

_____

ORACIÓN

Señor, Padre santo,
Tú que nos has mandado
escuchar a tu Hijo, el predilecto,
alimenta nuestro espíritu
con tu palabra;
así, con mirada limpia,
contemplaremos gozosos la gloria
de tu rostro.
Por nuestro Señor Jesucristo. Amén.

PROPÓSITO

_____

_____

_____

_____

_____

Lucas 13,1-9

"Yo cavaré alrededor y le echaré estiércol a ver si da fruto. Si no, la cortas".

_____

_____

_____

_____

www.e-sm.net/c_cuaresma3

ACTIVIDAD

- En el relato evangélico de hoy el Señor nos da una clara muestra de su amor. Él espera pacientemente que demos frutos abundantes.

  ▸ Rodea los frutos que te gustaría darle a Jesús.

  ▸ Dibuja después otros frutos que también te gustaría ofrecerle.

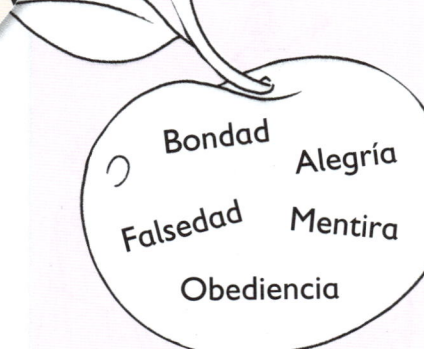

Bondad
Alegría
Falsedad
Mentira
Obediencia

Sinceridad
Peleas
Paciencia
Paz
Riñas

ORACIÓN

Señor Jesús, hoy quiero ofrecerte todos mis esfuerzos y mi trabajo. Bendícelos para que pueda darte los frutos que esperas recibir de mí. Ayúdame a no dejarme vencer por la pereza y a poner todos mis dones al servicio de mis hermanos. Así iré construyendo tu Reino de amor en el mundo. Amén.

PROPÓSITO

_____

_____

_____

_____

_____

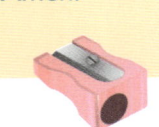

EVANGELIO

Lucas 15,1-3.11-32
"Este hermano tuyo estaba muerto
y ha revivido".

_____

_____

_____

_____

www.e-sm.net/c_cuaresma4

ACTIVIDAD

▶ Lee las preguntas. Después, selecciona la respuesta correcta entre las soluciones que se proponen y rodea la letra que corresponda:

A Se indignó y no quería compartir la felicidad que tenía su padre.

B Celebró un banquete porque su hijo había regresado a casa.

C A los fariseos y a los escribas que murmuraban porque Jesús acogía a los pecadores.

D Derrochó su fortuna viviendo perdidamente.

E Padre, he pecado contra el cielo y contra ti; ya no merezco llamarme hijo tuyo.

		A	B	C	D	E
I	¿A quiénes iba dirigida la parábola?	A	B	C	D	E
2	¿Qué hizo el hijo menor con su parte de la herencia?	A	B	C	D	E
3	¿Cuáles fueron las palabras del hijo menor al regresar a casa?	A	B	C	D	E
4	¿Cómo reaccionó el hijo mayor con el regreso de su hermano?	A	B	C	D	E
5	¿Cuál fue la reacción del padre ante el regreso de su hijo menor?	A	B	C	D	E

ORACIÓN

Señor, te damos gracias
porque hoy nos has revelado
que tu amor es más grande
que nuestras debilidades y pecados.
Haz que, siguiendo el consejo
del papa Francisco, nunca
nos cansemos de pedirte perdón,
pues Tú, Padre misericordioso,
nunca te cansas
de perdonarnos. Amén.

PROPÓSITO

_____

_____

_____

_____

_____

Juan 8,1-11
"El que esté sin pecado,
que le tire la primera piedra".

_____

_____

_____

_____

www.e-sm.net/c_cuaresma5

ACTIVIDAD

▶ En la siguiente sopa de letras encontrarás las palabras adecuadas para completar algunas frases que aparecen en el texto evangélico.

P	E	C	A	D	O	B	P	M	A
E	R	T	Y	N	M	V	E	O	D
T	H	H	E	B	V	D	Q	O	Ú
U	B	K	Ñ	H	S	E	U	I	L
O	L	I	V	O	S	M	E	Z	T
F	A	R	I	S	E	O	S	Ñ	E
F	D	Q	E	A	J	U	X	Z	R
V	I	E	J	O	S	I	M	T	A
A	C	U	S	A	D	O	R	E	S

1. En aquel tiempo, Jesús se retiró al monte de los __ __ __ __ __ __ .

2. Los escribas y los __ __ __ __ __ __ __ __ le traen una mujer sorprendida en adulterio.

3. La ley de Moisés nos manda apedrear a las __ __ __ __ __ __ __ __ __ __ .

4. "El que esté sin __ __ __ __ __ __ , que le tire la primera piedra".

5. Ellos, al oírlo, se fueron escabullendo uno a uno, empezando por los más __ __ __ __ __ __ .

6. "Mujer, ¿dónde están tus __ __ __ __ __ __ __ __ __ __ __ ? ¿Ninguno te ha condenado?" Ella contestó: "Ninguno, Señor".

7. Jesús dijo: "Tampoco yo te condeno. Anda, y en adelante no __ __ __ __ __ __ más".

ORACIÓN

Te rogamos, Señor Dios nuestro,
que tu gracia nos ayude,
para que vivamos siempre
de aquel mismo amor que movió
a tu Hijo a entregarse a la muerte
por la salvación del mundo.
Por nuestro Señor Jesucristo. Amén.

PROPÓSITO

_____

_____

_____

_____

La Semana Santa no es, como muchos piensan, tan solo un tiempo de vacaciones y descanso. Si queremos vivirla de verdad, debemos darle a Dios el primer lugar y participar en toda la riqueza de las celebraciones propias de nuestra Iglesia. Asiste, pues, a tu parroquia y da testimonio de tu fe.

EVANGELIO

Domingo de Ramos • Lucas 22,14-23

"He deseado enormemente comer esta comida pascual con vosotros, antes de padecer".

www.e-sm.net/c_ramos

El trono del Mesías

El lomo del borriquillo
es el trono del Mesías,
los mantos de los discípulos
y las ramas extendidas
son tapizado de amor
para dar la bienvenida.
Acoge a tu Rey, Sión,
que llega tu bella dicha.

No gritéis las mudas piedras,
oíd, que los niños gritan;
un coro de primavera,
alza canciones y vivas;
son por Jesús bondadoso,
sanador de toda herida,
aquel que del Padre llega
con la Palabra divina.

ACTIVIDAD

▶ Dibuja algún paso de Semana Santa del lugar donde vives.

EVANGELIO

Jueves Santo • Juan 13,1-15

Los amó hasta el extremo.

www.e-sm.net/c_jueves_santo

Tantum ergo

Que la lengua humana
cante este misterio:
la preciosa sangre
y el precioso cuerpo.
Quien nació de Virgen
Rey del universo,
por salvar al mundo
dio su sangre en precio.

Se entregó a nosotros,
se nos dio naciendo
de una casta Virgen;
y, acabado el tiempo,
tras haber sembrado
la palabra al pueblo,
coronó su obra
con prodigio excelso.

EVANGELIO

Viernes Santo • Juan 18,1.19,42

Cargando Jesús con la cruz, salió
al sitio llamado «de la calavera»,
donde lo crucificaron.

www.e-sm.net/c_viernes_santo

En la Cruz está la vida

En la cruz está la vida
y el consuelo,
y ella sola es el camino
para el cielo.
En la cruz está «el Señor
de cielo y tierra»,

y el gozar de mucha paz,
aunque haya guerra.
Todos los males destierra
en este suelo,
y ella sola es el camino
para el cielo.

Santa Teresa de Jesús

EVANGELIO

Sábado Santo • Mateo 24,1-12

La vida venció a la muerte.

www.e-sm.net/c_sabado_santo

¿Qué ves en la noche?

¿Qué has visto de camino,
María, en la mañana?
A mí, Señor glorioso,
la tumba abandonada,
los ángeles testigos,
sudarios y mortaja.

¡Resucitó de veras
mi amor y mi esperanza!
Venid a Galilea,
allí el Señor aguarda;
allí veréis los suyos
la gloria de la Pascua.

Juan 20,1-9
Él había de resucitar de entre los muertos.

_____

_____

_____

_____

www.e-sm.net/c_resurreccion

ACTIVIDAD

▶ Coloca estas palabras en el lugar que les corresponde para poder leer lo que Jesús Resucitado les dice a sus discípulos en el relato de Lucas 24,46-48:

TESTIGOS **TERCER** **NOMBRE** **MUERTOS**
MESÍAS **RESUCITARÁ** **PERDÓN** **PUEBLOS**
JERUSALÉN **CONVERSIÓN** **PECADOS**

El __ __ __ __ __ __ __ __ padecerá, __ __ __ __ __ __ __ __ __ __ __ de entre

los __ __ __ __ __ __ __ __ al __ __ __ __ __ __ día y en su __ __ __ __ __ __ __

se proclamará la __ __ __ __ __ __ __ __ __ __ __ para el __ __ __ __ __ __ __

de los __ __ __ __ __ __ __ a todos los __ __ __ __ __ __ __ __,

comenzando por __ __ __ __ __ __ __ __ __ __.

Vosotros sois __ __ __ __ __ __ __ __ de esto.

¡FELIZ PASCUA DE RESURRECCIÓN!

A
2 0
1 6
Ω

ORACIÓN

Señor Dios, que en este día
nos has abierto las puertas
de la vida por medio de tu Hijo,
vencedor de la muerte, concede
a los que celebramos la solemnidad
de la resurrección de Jesucristo,
ser renovados por tu Espíritu,
para resucitar en el reino de la luz
y de la vida. Por nuestro Señor Jesucristo. Amén.

PROPÓSITO

_____

_____

_____

_____

_____

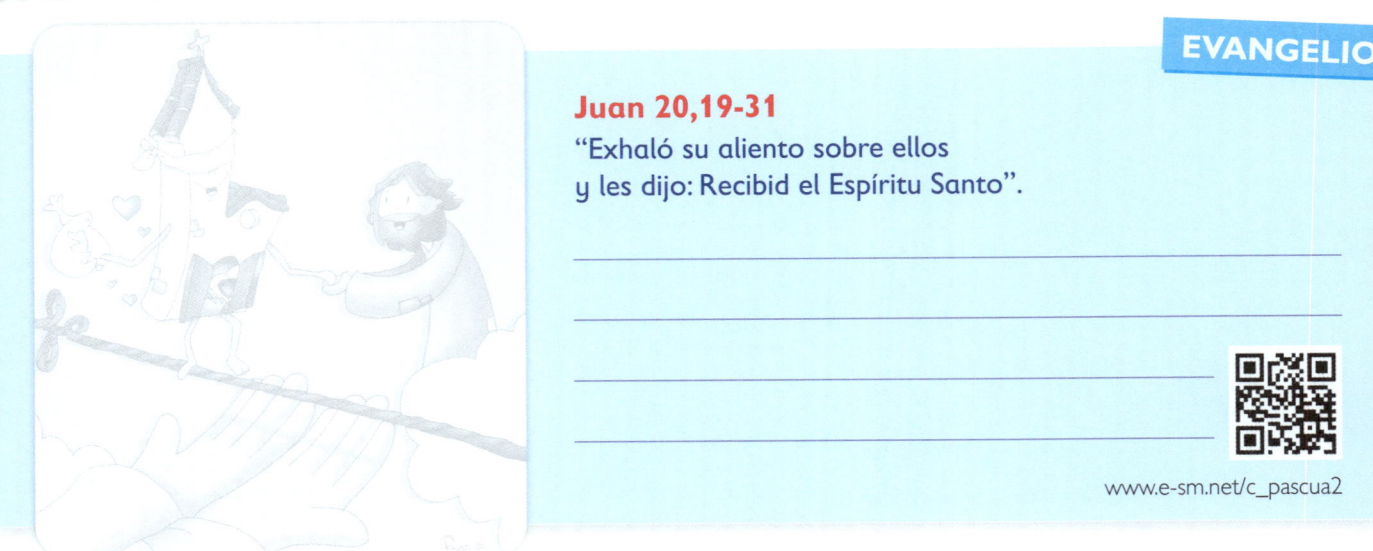

EVANGELIO

Juan 20,19-31
"Exhaló su aliento sobre ellos
y les dijo: Recibid el Espíritu Santo".

_____

_____

_____

_____

www.e-sm.net/c_pascua2

ACTIVIDAD

▶ Completa cada palabra con la letra que falta y descubrirás, en el acróstico, el mayor don de la Pascua.

Al anochec	r de aquel día, el primero de la semana,
estaban lo	discípulos en una casa,
con las	uertas cerradas por miedo
a los jud	os. Y en esto
ent	ó Jesús, se puso en medio
y les d	jo: "Paz a vosotros".
Y diciendo es	o, les enseño las manos y el costado.
Jes	s repitió: "Paz a vosotros".
Y dicho e	to, exhaló su aliento sobre ellos y les dijo: "Recibid
el Espíritu S	nto; a quienes
les perdo	éis los pecados, les quedan perdonados;
a quienes se los re	engáis, les quedan
retenid	s".

ORACIÓN

Señor Jesús, te damos gracias
porque también a nosotros
nos permites experimentar
la gracia de tu presencia
cada vez que celebramos la eucaristía.
Ayúdanos a ser fieles
a esta convocatoria
que nos haces todos los domingos
para que sigamos creciendo
en comunión contigo. Amén.

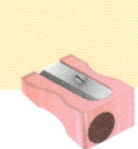

PROPÓSITO

_____

_____

_____

_____

_____

Juan 21,1-19

"Echad la red a la derecha de la barca, y encontraréis pescado".

www.e-sm.net/c_pascua3

ACTIVIDAD

▸ Une cada frase con la imagen que le corresponde:

1 Jesús se apareció a los discípulos junto al lago Tiberíades.

2 Simón Pedro les dice: "Me voy a pescar".

3 Jesús les dice: "Muchachos, ¿tenéis pescado?".

▸ Responde las siguientes preguntas:

¿A cuál de los apóstoles le encomienda el Señor la tarea de apacentar sus corderos y de pastorear sus ovejas?

¿Qué pregunta le hace Jesús hasta tres veces?

ORACIÓN

Señor, hoy tu Palabra nos hace ver la inutilidad de nuestros esfuerzos cuando no hacemos las cosas en tu nombre. Haz que nos convenzamos de que es tu presencia en nuestra vida la que hace eficaz y fecundo nuestro trabajo, pues sin ti no podemos hacer nada. Amén.

PROPÓSITO

EVANGELIO

Juan 10,27-30

"Mis ovejas escuchan mi voz,
y yo las conozco, y ellas me conocen".

_____

_____

_____

_____

www.e-sm.net/c_pascua4

ACTIVIDAD

- Jesús es nuestro Buen Pastor y nosotros sus ovejas. Él dice que sus ovejas escuchan su voz y lo siguen. ¿Cómo y dónde escuchamos hoy la voz de Jesús?
  - ▶ Primero, une los puntos del dibujo y lo completarás.
  - ▶ Luego, escribe cómo Jesús sigue hablándonos hoy.

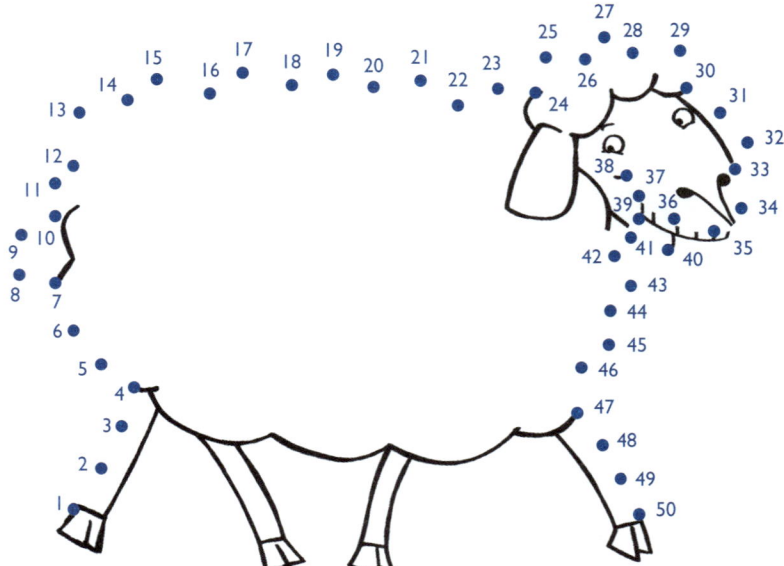

ORACIÓN

Señor, quiero seguir tus enseñanzas
y conocer tu vida, tus palabras,
tus gestos de amor. Quiero
prestar atención a lo que nos dices
cada domingo en la misa.
Quiero aprender a vivir
como discípulo y seguirte.
Abre mis oídos y mi corazón
para que escuche tu mensaje. Amén.

PROPÓSITO

_____

_____

_____

_____

_____

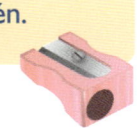

EVANGELIO

Juan 13,31-33ª.34-35

"Os doy un mandamiento nuevo:
que os améis unos a otros".

_____

_____

_____

_____

www.e-sm.net/c_pascua5

ACTIVIDAD

▸ ¿Qué debo hacer para cumplir el mandamiento nuevo del amor? Rodea **V** o **F** según corresponda.

	V	F
Amar solo a los de mi familia y a los que me caen bien.	V	F
Tratar a los demás como a mí me gustaría que me trataran.	V	F
Querer que todos sean y piensen como yo.	V	F
Preocuparme por los que pasan necesidad, aunque no sean de mi familia.	V	F
Aceptar a los otros como son y corregirlos con amor.	V	F
Perdonar solo cuando los otros se humillen ante mí y me pidan perdón.	V	F
No juzgar a nadie, no pensar o hablar mal de otras personas.	V	F
No guardar rencor a la persona que me haya ofendido.	V	F
Ser amable con los demás, hablarles con cariño y no a gritos.	V	F

ORACIÓN

Jesús, tú pasaste por el mundo
haciendo el bien,
revelando el rostro de Dios,
mostrando cómo vivir el amor,
ayudando a los necesitados,
perdonando y llamando a perdonar,
enseñando cómo rezar.
Quiero vivir siguiendo tu camino
para estar más cerca de Dios
y de mis hermanos. Amén.

PROPÓSITO

_____

_____

_____

_____

_____

EVANGELIO

Juan 14,23-29

"El Espíritu Santo os irá recordando todo lo que os he dicho".

_____

_____

_____

_____

www.e-sm.net/c_pascua6

ACTIVIDAD

▸ Completa el siguiente texto de Juan 14,23-29 con estas palabras:

GUARDARÁ	MORADA	PALABRAS	MUNDO	PAZ
ENVIÓ	ENSEÑE	DEFENSOR	JESÚS	PADRE

En aquel tiempo, dijo __ __ __ __ __ a sus discípulos:

—El que me ama __ __ __ __ __ __ __ __ __ mi palabra, y mi __ __ __ __ __ lo amará,

y vendremos a él y haremos __ __ __ __ __ __ en él. El que no me ama no guardará

mis __ __ __ __ __ __ __ __ .Y la palabra que estáis oyendo no es mía, sino del Padre

que me __ __ __ __ __ . Os he hablado de esto ahora que estoy a vuestro lado,

pero el __ __ __ __ __ __ __ __ , el Espíritu Santo, que enviará el Padre en mi nombre,

será quien os lo __ __ __ __ __ __ todo y os vaya recordando todo lo que os he dicho.

La __ __ __ os dejo, mi paz os doy; no os la doy yo como la da el __ __ __ __ __ .

ORACIÓN

Espíritu Santo, queremos vivir como Jesús, dando nuestro amor a todos, compartiendo con los que necesitan, brindando alegría, ofreciendo nuestro tiempo y esfuerzo para hacer el bien. Te pedimos que llenes nuestros corazones de tu amor, para vivir como discípulos de nuestro amigo Jesús. Amén.

PROPÓSITO

_____

_____

_____

_____

Lucas 24,46-53

"Y mientras los bendecía, se separó de ellos, subiendo hacia el cielo".

_____

_____

_____

_____

www.e-sm.net/c_pascua7

ACTIVIDAD

● Jesús ascendió al cielo, pero sigue muy cerca de nosotros. A continuación te damos seis citas bíblicas en las que podrás descubrir algunas formas de su presencia.

▶ Lee los textos bíblicos y después pon en cada dibujo el número que le corresponda:

1 Mt 26,26

2 Mt 25,40

3 Mt 18,20

4 Lc 24,27

5 Lc 10,16

6 Jn 14,13

ORACIÓN

Señor Jesús, hoy hemos aprendido
que, al marcharte al cielo,
no te has olvidado de nosotros.
Ahora sabemos que continúas
estando cerca de muchas maneras.
Haz que, con nuestra vida,
sepamos indicarles a los demás
la forma de encontrarte. Amén.

PROPÓSITO

_____

_____

_____

_____

Juan 20,19-23
"Recibid el Espíritu Santo".

_____

_____

_____

_____

www.e-sm.net/c_pentecostes

ACTIVIDAD

- El Espíritu Santo te trae siete regalos, siete dones.
  ▶ Colorea cada don del Espíritu Santo con un color diferente según lo que su significado representa para ti.

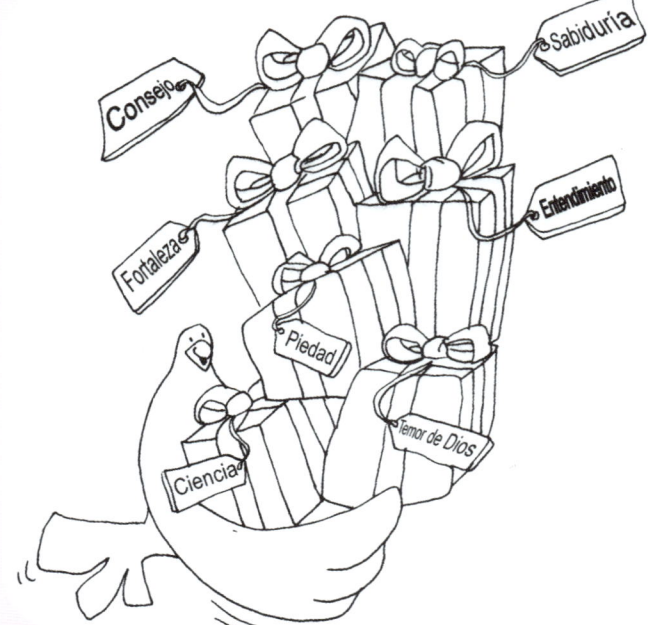

ORACIÓN

Espíritu Santo, Rey celestial,
Consolador, Espíritu de la verdad,
que estás presente en todas partes
y lo llenas todo, Tesoro de todo bien
y Fuente de vida, ven y haz de nosotros
tu morada, purifícanos de toda mancha
y salva nuestras almas,
Tú que eres bueno. Amén.
                    Oración de la liturgia bizantina

PROPÓSITO

_____

_____

_____

_____

_____

EVANGELIO

Juan 16,12-15

"Todo lo que tiene el Padre es mío".

_____

_____

_____

_____

www.e-sm.net/c_trinidad

ACTIVIDAD

- Es imposible comprender cómo puede ser que exista un solo Dios y tres Personas divinas, pero nosotros contamos con un testimonio fiable.
  ▶ Une cada definición con la persona divina a la que se refiere.
  ▶ Después, colorea el dibujo.

Bajó a la tierra para salvarnos y contarnos cómo es Dios.

Es el Padre de todos.

Jesús explica a sus discípulos que vendrá Alguien que los conducirá a la verdad plena.

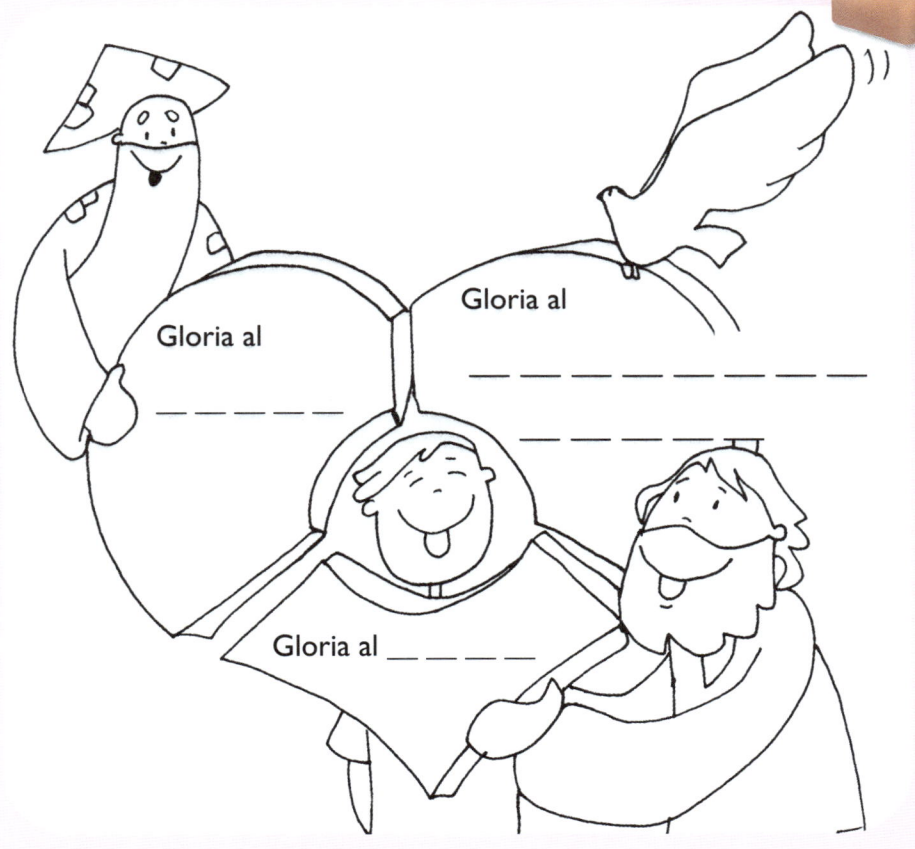

Gloria al

Gloria al

_ _ _ _ _ _ _ _ _ _

Gloria al _ _ _ _ _ _

Jesús nos enseñó que **Dios es una familia, comunidad de amor.**

ORACIÓN

Gloria al Padre Creador,
y al Hijo Salvador,
y al Espíritu Santo Santificador,
como era en el principio,
ahora y siempre,
por los siglos
de los siglos. Amén.

PROPÓSITO

_____

_____

_____

_____

EVANGELIO

Lucas 9,11b-17

"Comieron todos y se saciaron".

_____

_____

_____

_____

www.e-sm.net/c_corpus

ACTIVIDAD

▶ Une con diferentes colores cada concepto con su definición y con su imagen correspondiente:

1. Antes de la consagración las especies eucarísticas son solo…
2. Lugar donde se reserva el cuerpo de Cristo después de la comunión
3. Después de la consagración el pan y el vino se convierten en…
4. Fiesta en la que Jesús se nos ofrece como alimento de vida eterna y bebida de salvación

 1

 2

 3

 4

1. El cuerpo y la sangre de Cristo
2. Sagrario
3. Pan y vino
4. Eucaristía

ORACIÓN

Señor, gracias porque en la Última Cena partiste tu pan y vino en infinitos trozos para saciar nuestra hambre y nuestra sed…
Gracias porque en el pan y el vino nos entregas tu vida y nos llenas de tu presencia.
Gracias porque nos amaste hasta el final, hasta el extremo que se puede amar: morir por otro, dar la vida por otro.
Amén.

PROPÓSITO

_____

_____

_____

_____

_____

EVANGELIO

Lucas 6,39-45

"¿Podrá un ciego guiar a otro ciego?".

_____

_____

_____

_____

www.e-sm.net/c_domingo8

ACTIVIDAD

▶ Relaciona las siguientes imágenes con las enseñanzas que nos da Jesús en el Evangelio de este domingo.

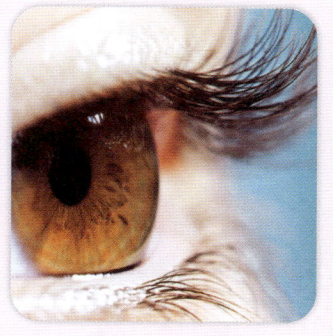

_____   _____   _____

_____   _____   _____

_____   _____   _____

_____   _____   _____

ORACIÓN

Señor, te damos gracias
porque siempre nos juzgas
con misericordia.
Danos una mirada de fe,
limpia de hipocresía,
para ver con limpieza
mi vida y la de mis hermanos.
Amén.

PROPÓSITO

_____

_____

_____

_____

_____

SEGÚN CORRESPONDA

Lucas 7,1-10
"Ni en Israel he encontrado tanta fe".

_____

_____

_____

_____

www.e-sm.net/219775_01

ACTIVIDAD

- Completa el mensaje con las claves que te ayudan a resolver la frase:

– Señor, no te molestes, porque no soy digno de que entres bajo mi techo.

a	e	i	o	u
🍅	🍌	🍊	🥔	🍏

ORACIÓN

Señor, ayúdame a escuchar tus palabras,
a cuidar mi fe y la de mis hermanos,
a tener un corazón sencillo
que confía en ti y en tu mensaje,
y que vive con esperanza.
Amén.

PROPÓSITO

_____

_____

_____

_____

_____

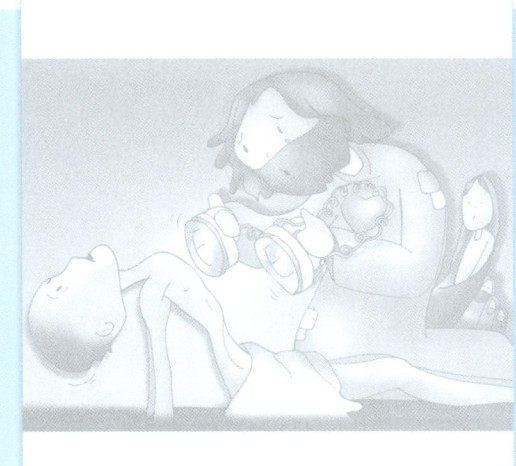

EVANGELIO

SEGÚN CORRESPONDA

Lc 7,11-17
El muerto se incorporó y empezó a hablar.

_____

_____

_____

_____

ACTIVIDAD

El pasaje evangélico de este domingo nos muestra el poder de Jesús sobre la muerte.

▸ Sigue los hilos y transcribe las sílabas que formarán la poderosa frase con la que nuestro Señor levanta de la muerte al joven del Evangelio:

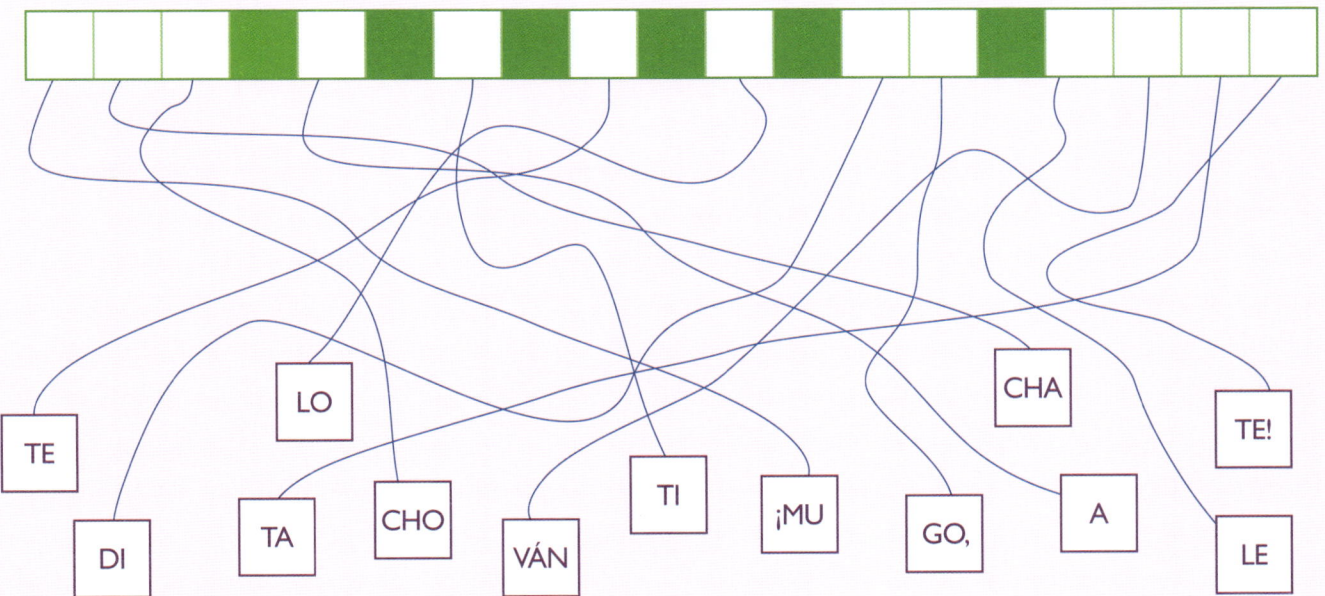

TE   LO   CHA   TE!
DI   TA   CHO   VÁN   TI   ¡MU   GO,   A   LE

ORACIÓN

Señor Jesús, aunque la muerte
sigue siendo algo que no alcanzamos
a comprender del todo, tú has dado
una respuesta y un nuevo sentido
a esta misteriosa realidad desde el amor.
Aumenta nuestra confianza en ti,
vencedor de la muerte, y permítenos
afrontar este acontecimiento
con la esperanza de la vida eterna.
Amén.

PROPÓSITO

_____

_____

_____

_____

_____

SEGÚN CORRESPONDA

Lucas 7,36-8,3

Y a ella le dijo: "Tus pecados están perdonados".

_____

_____

_____

_____

ACTIVIDAD

▶ Con los movimientos del salto del caballo del ajedrez, y empezando por la letra subrayada, podrás leer una de las frases que aparecen hoy en el Evangelio. Descubre cuál es la gran enseñanza que Jesús le da al fariseo. Luego, escríbela en las líneas de abajo. (Recuerda que el movimiento del caballo en el ajedrez tiene forma de L.)

_____

_____

_____

_____

NE	ES	MU	ESO	QUE
"SUS	**POR**	TIE	TÁN	CHOS
DOS	MU	DO	POR	TE
NA	GO::	A	PE	PER
CHO	CA	DOS,	DI	MOR"

ORACIÓN

Señor Jesús, como a la mujer
del Evangelio, concédenos
la gracia de llorar nuestros pecados
y acogernos a tu infinita misericordia.
Que también nosotros seamos conscientes
del gran regalo que nos haces
cuando nos diriges
estas maravillosas palabras:
"Tus pecados están perdonados".
Amén.

PROPÓSITO

_____

_____

_____

_____

_____

Lucas 9,18-24
"Y vosotros, ¿quién decís que soy yo?"

SEGÚN CORRESPONDA

ACTIVIDAD

● En el siguiente cuadro hallarás, escrito al revés, una de las condiciones imprescindibles para ser un verdadero discípulo de Jesús.

▶ Transcribe cada palabra en la grilla vacía, pero escribiéndola al derecho, y descubrirás lo que Juan nos ha querido decir.

L	E		E	U	Q		A	R	E	I	U	Q
E	M	R	I	U	G	E	S		E	U	Q	
E	S		E	U	G	E	I	N		A		ÍS
	O	M	S	I	M		E	U	G	R	A	C
N	O	C		U	S		Z	U	R	C		
A	D	A	C		A	Í	D		Y		E	S
A	G	N	E	V			O	G	I	M	N	O	C

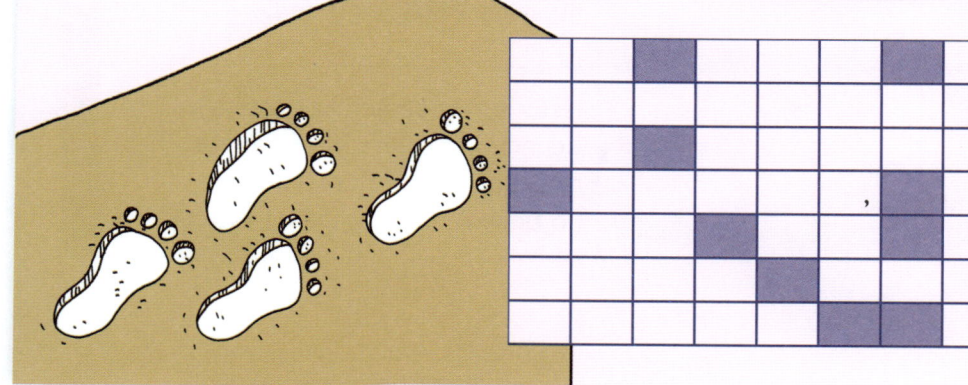

ORACIÓN

Señor Jesús, enséñame
a ser tu discípulo para que
donde tú estés allí esté yo contigo,
compartiendo tu vida y tu misión.
Que cuando me preguntes
quién eres tú para mí,
pueda responder con Pedro:
Tú eres el Mesías de Dios. Amén.

PROPÓSITO

EVANGELIO

Lucas 9,51-62

A otro le dijo Jesús: "Sígueme".

_____

_____

_____

_____

www.e-sm.net/c_domingo13

ACTIVIDAD

▶ Uniendo con una línea cada rectángulo de la izquierda con su correspondiente de la derecha podrás completar los diálogos que tuvo Jesús con tres hombres mientras iba de camino hacia Jerusalén.

1 "Te seguiré adonde vayas".	**1** Él le respondió: "Déjame primero ir a enterrar a mi padre". Le contestó: "Deja que los muertos entierren a sus muertos; tú vete a anunciar el reino de Dios".
2 A otro le dijo: "Sígueme".	**2** Jesús le contestó: "El que echa mano al arado y sigue mirando atrás no vale para el reino de Dios".
3 Otro le dijo: "Te seguiré, Señor. Pero déjame primero despedirme de mi familia".	**3** Jesús le respondió: "Las zorras tienen madriguera, y los pájaros nido, pero el Hijo del hombre no tiene donde reclinar la cabeza".

ORACIÓN

Hoy nos has enseñado, Señor,
que ser tu discípulo es aceptar
tu llamado, dejarlo todo y ponerse
en camino tras tus pasos.
Dame la generosidad para seguirte
con alegría y fidelidad;
abre mi corazón a tu Palabra
e ilumina mis ojos
para que pueda ver todo
como lo haces Tú. Amén.

PROPÓSITO

_____

_____

_____

_____

_____

Domingo XXVII

Domingo XXVIII

Ya saben los mandamientos: no matarás,
no cometerás adulterio, no robarás,
no darás falso testimonio, no estafarás,
honra a tu padre y a tu madre.

Domingo XXIX

Nombres: Santiago, Jesús, Juan y Zebedeo.
Palabra clave: servicio.

S	E	R	V	I	C	I	O
A	G	J	M	N	B	Y	E
N	S	B	J	A	J	U	D
T	U	E	E	R	J	I	E
I	R	S	S	P	L	J	B
A	G	J	U	A	N	Y	E
G	D	Q	S	A	J	U	Z
O	U	S	V	R	J	I	M

Domingo XXX

Hijo de David, ten compasión de mí. Ánimo,
levántate, que te llama. Soltó el manto,
dio un salto y se acercó a Jesús. Jesús le dijo:
"Anda, tu fe te ha curado".

Domingo XXXI

1-D; 2-C; 3-A; 4-B

Domingo XXXII

F – F – V –V

Domingo XXXIII

Jesucristo, Rey del Universo

Mundo; luchado; judíos; Pilato; Jesús; rey; nacido;
testigo; verdad; voz.

Domingo I de Adviento

En Adviento nos preparamos para
la venida del Señor Jesús. Cada domingo
de este tiempo encendemos una vela más
en la corona del Adviento.

Domingo III de Adviento

H: 1. Juan; 2. Militares; 3. Repartir
V: 4. Publicanos; 5. Jesús

Domingo IV de Adviento

H: 1. Belén; 2. Adviento; 3. María; 4. Árbol;
    5. Epifanía; 6. Bautismo; 7 José; 8. Emmanuel
V: 9. Magos; 10. Gabriel;
    11. Familia; 12. Mirra; 13. Juan;
    14. Navidad; 15. Oro; 16. Herodes

Bautismo del Señor

Los símbolos son: luz, pila bautismal,
agua, óleo y cirio.

Presentación del Señor

Niño; padres; Simeón; bendijo; Señor; promesa;
siervo; Salvador; presentado; luz; naciones; Israel

Domingo II ordinario

1. Caná; vino; María; seis y agua.
2. Haced lo que él diga.

Domingo III ordinario

Me ha enviado para anunciar el Evangelio
a los pobres, para dar la libertad a los
oprimidos, para anunciar el año de gracia del
Señor.

Domingo VI ordinario

Pero ¡ay de vosotros, los ricos, porque
ya tenéis vuestro consuelo! Dichosos los que
tenéis hambre, porque quedaréis saciados.

Domingo VII ordinario

Sed compasivos, **como** vuestro **Padre**
es **compasivo**.
No **condenéis** y no **seréis** condenados.
Tratad a los **demás** como **queréis** que
ellos os traten.

Domingo VIII ordinario

Saca primero la viga de tu ojo.
¿Puede un ciego guiar a otro ciego?
No hay árbol bueno que dé fruto malo.

Domingo I de Cuaresma

Pascua; cuarenta días; Miércoles de Ceniza; conversión y penitencia; ayuno, oración y limosna.

Domingo II de Cuaresma

1. Este es mi Hijo, el escogido, escuchadle; 2. Moisés y Elías; 3. Tabor; 4. Pedro, Juan y Santiago.

Domingo III de Cuaresma

Bondad, obediencia, sinceridad, paciencia, paz, alegría.

Domingo IV de Cuaresma

1. C; 2. D; 3. E; 4. A; 5. B.

Domingo V de Cuaresma

1. Olivos; 2. Fariseos;
3. Adulteras;
4. Pecado; 5. Viejos;
6. Acusadores;
7. Peques

```
P E C A D O  B  P  M  A
E R T Y N M V  E  O  D
T H H E B V D  Q  O  Ú
U B K Ñ H S E  U  I  L
O L I V O S  M  E  Z  T
F A R I S E O S  Ñ  E
F D Q E A J U X  Z  R
V I E J O S  I  M  T  A
A C U S A D O R E S
```

Domingo de Resurrección

Mesías; resucitará;
muertos; tercer; nombre;
conversión; perdón;
pecados; pueblos;
Jerusalén; testigos.

Domingo II de Pascua

Espíritu Santo

Domingo III de Pascua

1-3; 2-1; 3-2
Simón Pedro; ¿Me quieres?

Domingo V de Pascua

F – V – F – V – V – F – V – V – V

Domingo VI de Pascua

Jesús, guardará, Padre, morada, palabras, envió, defensor, enseñe, paz y mundo.

Ascensión

1. Mt 26,26; 2. Jn 14,13; 3. Lc 24,27; 4. Mt 25,40; 5. Lc 10,16; 6. Mt 18,20

Santísima Trinidad

Bajó a la tierra… Jesús; Jesús explica a sus discípulos… Espíritu Santo; Es Padre de… Dios

Gloria al Padre. Gloria al Hijo. Gloria al Espíritu Santo

Corpus Christi

1-2-3; 2-4-2; 3-3-1; 4-1-4

Domingo IX ordinario

Señor, no te molestes, porque no soy digno de que entres bajo mi techo.

Domingo X ordinario

Muchacho, a ti te lo digo, levántate.

Domingo XI ordinario

Por eso te digo: "Sus muchos pecados están perdonados, porque tiene mucho amor".

Domingo XII ordinario

El que quiera seguirme, que se niegue a sí mismo, cargue con su cruz cada día y se venga conmigo.

Domingo XIII ordinario

1-3; 2-1; 3-2

SOLUCIONES